LA JOLIE FILLE DE GAND,

BALLET-PANTOMIME EN TROIS ACTES ET NEUF TABLEAUX,

PAR MM. DE SAINT-GEORGES ET ALBERT,

Musique de M. Adolphe Adam,

Décorations de MM. Cicéri, Philastre et Cambon.

REPRÉSENTÉ POUR LA PREMIÈRE FOIS SUR LE THÉATRE DE L'ACADÉMIE ROYALE DE MUSIQUE, LE 22 JUIN 1842.

TROISIÈME ÉDITION.

PARIS

Mme Ve JONAS, ÉDITEUR—LIBRAIRE DE L'OPÉRA,
PASSAGE DU GRAND-CERF, 52.

MICHEL-LÉVY FRÈRES, RUE VIVIENNE, 1.

TRESSE, PALAIS-ROYAL, GALERIE DE CHARTRES, 2 ET 3.

1845

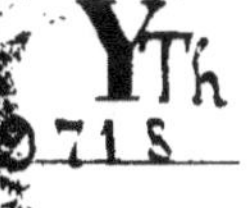

PERSONNAGES.   **ACTEURS.**

LE MARQUIS DE SAN LUCAR, Seigneur italien. . . MM.	ALBERT.
CÉSARIUS, riche Orfévre de la ville de Gand. . . .	MAZILLIER.
ZÉPHIROS, Maître de danse (comique).	CORALLI.
BUSTAMENTE, Espagnol, ami du Marquis.	ÉLIE.
BÉNÉDICT, neveu de Césarius	PETIPA.
LE COMTE LÉONARDO	QUERIAU.
UN FERMIER et UN BOHÉMIEN	ADICE.
UN NOTAIRE	L. PETIT.
UN PRÉVOT.	BÉGRAND.
DIANA, première Danseuse du Théâtre de la Fénice. Mmes	L. FITZJAMES.
BÉATRIX, fille de Césarius, fiancée à Bénédict . .	GRISI.
JULIA, cousine de Béatrix et d'Agnès	MARIA.
AGNES, fille cadette de Césarius.	A. DUMILATRE.
UNE FERMIÈRE et UNE BOHÉMIENNE.	ALINE.
UNE SUIVANTE DE BÉATRIX	PÉRES.

Imprimerie de madame DONDEY-DUPRÉ, rue Saint-Louis, 46, au Marais.

LA

JOLIE FILLE DE GAND.

BALLET-PANTOMIME.

PREMIER ACTE.

Premier Tableau.

LA SCÈNE SE PASSE A GAND.

Le théâtre représente le magasin d'orfèvrerie de Césarius. Au fond, des vitraux par lesquels on aperçoit la principale rue de la ville. Au milieu, une vaste porte, également vitrée, ouvrant sur la rue.

SCÈNE PREMIÈRE.

Au lever du rideau, Zéphiros, maître de danse, donne une leçon de danse à Béatrix et à sa sœur Agnès.

Béatrix semble profiter des conseils de Zéphiros, tandis que la jeune Agnès danse gauchement et sans grâce; Zéphiros la reprend et figure lui-même les poses et les gestes qu'il veut lui enseigner. Mais Agnès éclate de rire au nez du professeur furieux, en voyant ses airs grotesques. Béatrix s'est assise à part et semble réfléchir profondément.

SCÈNE II.

Julia survient; elle embrasse ses jeunes cousines, puis salue Zéphiros en se moquant de lui; mais le professeur ne s'en aperçoit pas, et, tout à son art, il prend la main de Julia et la présente aux deux sœurs comme sa meilleure élève. Il la supplie de montrer son talent, et Julia, pour le satisfaire, se met à danser avec Agnès et Béatrix, à la grande joie de Zéphiros.

SCÈNE III.

La leçon de danse est interrompue par l'entrée de Bénédict, le fiancé de Béatrix. Il s'avance timidement et vient offrir un bouquet à sa fiancée Béatrix; celle-ci le reçoit froidement et Julia se moque de lui et de son bouquet, que Béatrix accepte avec indifférence.

Bénédict paraît confus et chagrin de cet accueil. La bonne Agnès semble le plaindre et cherche à l'en consoler. Pendant ce temps, Julia tire à part Béatrix et lui montre en secret une lettre qu'elle lui apporte.

« C'est de ce beau seigneur qui vient ici, qui te fait la cour, » lui dit-elle.

Béatrix refuse la lettre, malgré les instances de Julia, qui la lit alors tout bas à sa cousine.

SCÈNE IV.

Césarius paraît suivi d'un notaire; il embrasse ses filles, tend la main à Bénédict et salue froidement Julia. Il prend à part Béatrix et Agnès et leur dit de se méfier de leur cousine :

« C'est une coquette qui finira mal. »

Césarius annonce ensuite à Bénédict et à Béatrix qu'ils seront mariés le lendemain. Il montre le notaire qui vient de rédiger le contrat. Celui-ci s'apprête à le lire; mais Césarius arrête en souriant l'ardeur du tabellion, et l'engage à remettre cette lecture.

Bénédict est au comble de la joie; Béatrix se trouble et pâlit en écoutant son père.

Agnès applaudit au bonheur de sa sœur, quoique Bénédict semble lui plaire aussi, ce que remarque malignement Julia.

On entend des fanfares joyeuses dans la rue, et l'on voit passer le peuple qui court à la fête, à la grande kermesse de la ville. Bénédit sort pour aller faire sa toilette et chercher les compagnes de Béatrix. Zéphiros le suit en disant qu'il espère bien voir briller à la fête le talent de ses élèves.

SCÈNE V.

A peine sont-ils éloignés, que deux élégants seigneurs paraissent à la porte du magasin : c'est le marquis de San Lucar et son ami don Bustamente.

« Le voilà! c'est lui! dit à part Julia à Béatrix en lui montrant le Marquis. Sa lettre t'annonçait sa visite. Regarde comme il est bien mis, élégant! Quelle différence avec Bénédict! »

Béatrix n'a que trop remarqué le Marquis : son émotion, son trouble à sa vue le prouvent assez. Elle l'aime en secret depuis qu'il vient dans le magasin.

Tout est en mouvement pour recevoir les deux beaux seigneurs. Le Marquis salue Césarius et lui demande ses plus riches pierreries.

« Rien d'assez beau pour nous ! » s'écrie don Bustamente, espèce d'original qui fait la cour à la coquette Julia.

Tandis que l'Orfévre, Agnès et leurs commis s'agitent pour servir les étrangers, le marquis de San Lucar s'approche de Béatrix et lui parle vivement de son amour.

Béatrix l'écoute avec émotion. Julia, qui est en tiers dans la conversation, gronde Béatrix de son indifférence pour un si brillant adorateur. Elle lui présente don Bustamente, qui fait le galant auprès d'elle : il est vrai qu'elle le reçoit à merveille et paraît enchantée de sa conquête.

Césarius et Agnès s'approchent alors et apportent des bijoux aux étrangers. Le Marquis choisit un riche écrin pour lui, jette son or sur le comptoir; puis, achetant quelques autres bijoux, il les offre galamment aux trois jeunes filles, confondues, ainsi que l'Orfévre, de tant de générosité.

Césarius a l'air de dire à part que ce sont là d'excellentes pratiques.

SCÈNE VI.

Bénédict reparaît. Il s'est paré de ses plus beaux habits. Césarius le présente au Marquis comme son futur gendre :

« Demain, lui dit-il, il épouse Béatrix ! »

San Lucar, à cette nouvelle, ne peut réprimer sa surprise et son chagrin. Béatrix semble le partager ; mais Césarius ne s'en aperçoit pas, et Julia dit à part au Marquis, en lui montrant Béatrix et Bénédict : « Ayez du courage, elle ne l'aime pas ! »

SCÈNE VII.

Une joyeuse musique se fait entendre. Des violons paraissent conduisant une troupe de jeunes filles qui viennent chercher leurs amies pour la fête. Zéphiros est à leur tête. San Lucar propose son équipage. Il se rend à la kermesse, il y conduira Césarius et sa famille.

L'Orfévre se refuse modestement à cet honneur ; Julia, ravie et flattée, s'empresse d'accepter pour elle et ses cousines.

Césarius est bien forcé de se rendre aux désirs du Marquis. Il l'accompagne en faisant force saluts à sa nouvelle pratique.

Don Bustamente, Julia, Béatrix et Agnès les suivent.

Bénédict se trouve seul, abandonné, quand la bonne Agnès s'en apercevant, court au pauvre fiancé, et, lui présentant sa main, l'entraîne à la fête sur les pas de Béatrix. Tout le monde les suit en foule et dans un joyeux désordre.

Deuxième Tableau.

Le théâtre change et représente la principale place de la ville de Gand.

SCÈNE PREMIÈRE.

Tous les carillons de la ville sonnent à la fois. Le tambour bat et appelle le peuple de Gand à la grande kermesse de la ville. La place se remplit d'une foule immense.

Des groupes de fumeurs et de buveurs sont répandus çà et là. Des marchands forains, des jeux de toute espèce, des bateleurs, des danseurs, en un mot un joli tableau de Téniers.

La compagnie des arbalétriers de la ville de Gand paraît, précédant une marche immense composée de toutes les corporations de la ville, bannières en tête ; de chars renfermant différents travestissements symboliques, de chevaux ailés, d'hippogriffes, des divinités de l'Olympe, etc. Cette marche est terminée par une bande de jeunes filles vêtues de blanc : ce sont les fiancées des arbalétriers. Ceux-ci s'apprêtent à se disputer le prix du tir, pour l'offrir a celles qu'ils aiment.

Le prix est une couronne de roses blanches, placée sur un mât élevé et orné de rubans et de guirlandes de fleurs.

On voit alors arriver Zéphiros, Bénédict et les ménétriers conduisant d'autres danseurs et danseuses. Ce sont les compagnons orfévres et leurs jeunes maîtresses. Bénédict, inquiet, semble chercher partout Béatrix, qu'il n'aperçoit pas.

<h3 style="text-align:center">SCÈNE II.</h3>

Un grand mouvement a lieu au fond de la place : il est causé par l'arrivée du Marquis, de Césarius, de Béatrix, d'Agnès, de Julia et de Bustamente. Bénédict court au-devant d'eux, saisit la main de sa fiancée, au grand désappointement du Marquis, et la fait asseoir, ainsi qu'Agnès et Julia, sous une tonnelle de verdure. L'exercice du tir commence. Plusieurs arbalétriers manquent le but.

Don Bustamente, qui veut faire preuve d'adresse aux yeux de Julia, réclame l'arc à son tour. On le lui apporte, il vise longtemps et envoie la flèche dans la perruque de Zéphiros.

Le pauvre maître de danse se trouve mal, et se tâte partout en revenant à lui, pour s'assurer s'il vit encore : sa perruque seule a été blessée.

Ce bel exploit est accueilli par un rire général. Bénédict titre à son tour et met la flèche tout près du but. On va lui donner le prix, lorsque le Marquis demande à jouter, et saisissant l'arc, il fait descendre la couronne au pied du mât.

On vient la lui offrir aux applaudissements de la foule. Il la présente à Béatrix. Bénédict, jaloux et honteux, se désespère à l'écart. Césarius le console en lui disant : « Que t'importe ? .. Demain elle sera ta femme! »

Pendant ce temps, Julia prend Béatrix à part et lui montre le Marquis : « Tu vois lui dit-elle, qu'il est aussi adroit que riche et beau! Quelle différence avec Bénédict!... Aime-le, tu seras heureuse! »

— Silence! lui répond Béatrix émue, on nous observe. Tiens, ajoute-t-elle, voici la clef de ma chambre.. Viens me trouver ce soir, nous causerons. »

San Lucar, qui ne les perd pas de vue, a remarqué la clef donnée par Béatrix à Julia.

Un bal champêtre commence.

Bénédict va inviter Béatrix et danse un pas brillant avec elle.

Un grand cotillon flamand suit ce pas. Zéphiros, qui le conduit, anime les danseurs de sa verve et de sa gaieté.

Tout à coup un orage s'annonce, le ciel s'obscurcit, le tonnerre gronde.

La frayeur s'empare des danseurs ; on se disperse avec terreur. Le Marquis va s'emparer de Béatrix ; mais, plus prompt que lui, Bénédict saisit sa fiancée et l'entraîne. Le Marquis, vivement contrarié, rencontre Julia dans la foule, et sous prétexte de la protéger, il saisit adroitement la clef de la chambre de Béatrix. Il semble ravi de son trésor ; puis il cède le bras de la jeune coquette à son adorateur Bustamente, qui entraîne la jeune fille, tout en ayant l'air de vouloir l'abriter contre la foudre et la pluie. L'orage redouble, la foudre tombe et chacun s'enfuit en désordre et de tous côtés.

<h2 style="text-align:center">Troisième Tableau.</h2>

—

Le théâtre représente la chambre de Béatrix. Un lit au fond, à droite de l'acteur. A côté du lit une fenêtre ouvrant sur la campagne. Portes latérales. Un prie-Dieu, un crucifix, une horloge de bois.

—

<h3 style="text-align:center">SCÈNE PREMIÈRE.</h3>

Béatrix entre avec son père et Bénédict. Elle est triste et rêveuse, et porte encore la couronne de roses que lui a donnée le Marquis. Césarius lui reproche tendrement sa froideur pour pour le pauvre Bénédict. Celui-ci, qui se tient à l'écart, peut à peine cacher ses larmes à celle qu'il aime ; mais Béatrix, touchée de son chagrin, lui tend la main et tombe à ses pieds avec amour et reconnaissance.

« Allons, mes enfants, leur dit Césarius, demain vous serez unis pour jamais ! »

Il rapproche leurs mains et semble les bénir. Puis, tirant une chaîne et un médaillon de son sein, il les donne à la jeune fille. Celle-ci regarde le médaillon et l'embrasse avec transport : c'est le portrait de son père ! Elle semble comparer la copie et l'original, et remercie son père avec effusion d'un pareil présent. Césarius serre avec transport Béatrix contre son cœur, et sort suivi de Bénédict, enchanté de l'accueil de sa fiancée.

SCÈNE II.

A peine seule, Béatrix se livre à ses réflexions. Elle fera son devoir : elle épousera Bénédict selon le vœu de son père,

Elle détache sa couronne de roses et la regarde tristement. Ces fleurs lui rappellent celui qui les posa sur son front et dont elle cherche en vain à détourner sa pensée.

Tout en rêvant au brillant Marquis, elle se déshabille lentement : elle ôte sa collerette, découvre son cou et ses bras, lorsque tout a coup elle entend un léger bruit à sa porte. Bientôt une clef s'introduit dans la serrure.

Le premier sentiment de Béatrix est l'effroi ; mais elle se rappelle la clef qu'elle a donnée à Julia ; elle se rassure alors, court à la porte et se trouve vis-à-vis de San Lucar.

Surprise ainsi, la terreur de Béatrix est au comble. Elle se précipite vers son lit et s'enveloppe dans ses rideaux pour se cacher aux yeux de San Lucar.

Celui-ci s'arrête... Tremblante, éperdue, la jeune fille le conjure de s'éloigner. Loin de lui obéir, le Marquis résiste et court fermer la porte restée ouverte.

Béatrix profite de ce moment pour jeter une mante sur ses épaules ; puis revenant à San Lucar, elle le prie de nouveau de fuir, de ne pas la déshonorer par sa présence à cette heure et dans ce lieu. Le Marquis conjure Béatrix de l'écouter. La jeune fille le fuit avec terreur et refuse de l'entendre. San Lucar se précipite aux pieds de Béatrix... A ce moment, la porte, à peine poussée sur elle-même, s'ouvre tout à coup, et Julia paraît.

SCÈNE III.

Julia semble confondue de trouver le Marquis près de Béatrix : celle-ci s'empresse de se justifier : c'est par surprise qu'il s'est introduit près d'elle ; elle bénit la présence de sa jeune cousine qui la rassure. Le Marquis, de son côté, paraît charmé de l'arrivée de Julia, dont il espère le concours et l'appui pour ses projets sur Béatrix.

Il redouble alors ses protestations de tendresse à la jeune fille ; il lui jure de n'aimer qu'elle au monde, de lui donner sa foi. Julia, de son côté, seconde San Lucar en vantant à sa cousine le sort brillant que lui offre le Marquis : épouse d'un riche et noble seigneur, quelle différence avec l'avenir qu'on lui prépare ! quel triste parti qu'un pauvre officier comme Bénédict, au lieu d'un élégant marquis comme San Lucar ! Béatrix résiste à cette double séduction. Le Marquis, au désespoir, jure qu'il cessera de vivre si elle appartient jamais a un autre. Il tire son poignard et le lève sur son cœur : Béatrix et Julia se précipitent sur lui, le lui arrachent... A ce moment, on frappe à la porte de la chambre : Béatrix, le Marquis et Julia s'arrêtent saisis de frayeur : « Je suis perdue ! s'écrie Béatrix. — Que faire ? dit le Marquis. Venez, venez, répond Julia en entendant frapper de nouveau, cette alcôve... ces rideaux... cachez-vous là. » Elle prend la main de San Lucar, le conduit près du lit, l'entoure des rideaux. Béatrix, tremblante et prête à se trouver mal, s'est approchée de la porte et l'ouvre sur un signe de Julia, qui lui montre le Marquis caché.

SCÈNE IV.

C'est Agnès qui vient annoncer à Béatrix que le mariage est décidé pour le lendemain à six heures du matin. Elle s'arrête stupéfaite à la vue des traits bouleversés de Béatrix et de Julia. Celle-ci lui raconte qu'elles causaient ensemble du mariage de Béatrix. « Et vous feriez bien mieux de dormir, leur dit la jeune fille ; Béatrix surtout, qui a besoin d'être jolie demain. » Béatrix, au milieu d'Agnès et de Julia, semble placée entre son bon et son mauvais ange ; car, tandis qu'Agnès lui répète : « A demain six heures ton mariage avec Bénédict. » Julia, de son côté, dit à San Lucar caché : « A demain six heures. » Agnès embrasse alors Béatrix, fait signe à Julia de la suivre, et sort gaiement de la chambre. Julia profite de cet instant, attire le Marquis hors de l'alcôve, lui montre la croisée, qu'il enjambe vivement ; mais à peine est-il en dehors de la fenêtre, qu'Agnès rentre tout à coup pour chercher Julia ; celle-ci s'empresse de courir au-devant d'elle, et cherche à son tour à l'entraîner. Agnès s'arrête sur le seuil de la porte, d'où elle donne un dernier bonsoir à sa cousine en lui redisant : « A six heures le mariage ; » tandis que le Marquis répète également : « A six heures ! » en indiquant l'horloge à Béatrix. Les jeunes filles s'éloignent, la porte et la fenêtre se referment à la fois, et Béatrix reste seule.

SCÈNE V.

Béatrix tombe à genoux et semble prier le ciel avec ferveur. Tant d'émotions l'agitent et l'accablent.

Elle tire de son sein le portrait de son père. l'embrasse avec tendresse et semble lui demander du courage contre la séduction. Elle place à son chevet sa couronne de roses, dont elle est digne encore.

Peu à peu, le sommeil vient s'emparer d'elle, elle se laisse aller sur son lit, sa tête se penche sur son bras, elle jette un dernier regard vers le ciel, ses yeux se ferment.. elle s'endort profondément.

DEUXIÈME ACTE.

Premier Tableau.

Le thédtre représente un riche boudoir du palais de San Lucar à Venise.

SCÈNE PREMIÈRE.

Béatrix a été enlevée par le Marquis. Elle est sa maltresse. Étendue sur un sofa elle écoute son amant à ses genoux qui lui parle de son amour.

Des marchands apportent à Béatrix des étoffes brillantes, des châles élégants, de riches pierreries. Le Marquis semble heureux de l'accabler de présents.

« Je ne veux rien que votre cœur et votre main, lui dit Béatrix, car, pour vous, pour votre amour, j'ai tout oublié..... ma sœur, mes amis, mon père lui-même ! » ajoute-t-elle en montrant le médaillon qu'elle porte toujours. San Lucar apaise les remords de la jeune fille en lui prodiguant les caresses et les serments d'amour.

SCÈNE II.

Plusieurs seigneurs, amis du Marquis, paraissent alors et accablent Béatrix de compliments et de galanteries. La jeune fille les accueille avec plaisir, mais semble dire à l'heureux San Lucar, qu'elle n'aime et n'aimera jamais que lui.

SCÈNE III.

Zéphiros est annoncé. Le maltre de danse est devenu impressario du théâtre de la Fénice. Il donne le soir même un bal *a giorno* et vient prier le Marquis et sa société d'y assister. Il apporte des billets et une loge pour la Signora.

Sa joie en reconnaissant Béatrix ! Il la croit femme du Marquis et lui en fait son compliment, au grand embarras de Béatrix. Puis il lui demande vivement si elle a toujours cultivé la danse. Sur sa réponse négative, il la gronde et veut immédiatement lui donner une 'eçon Béatrix remercie gaiement Zéphiros et lui dit qu'elle est toujours digne de son illustre maltre.

SCÈNE IV.

Julia paralt. Elle court dans les bras de Béatrix. Après les premiers épanchements d'amitié, Julia raconte qu'elle s'est fait danseuse.

« C'est mon élève ! » s'écrie Zéphiros. Il la présente au Marquis en la lui recommandant.

Julia est accompagnée d'un jeune et beau seigneur, qu'elle paralt aimer beaucoup.

« Comment ! lui dit Béatrix, en lui rappelant la scène de la flèche dans la perruque de Zéphiros, ce n'est donc plus don Bustamente, l'am du Marquis ?—Du tout, répond Julia avec embarras, en montrant le jeune homm qui l'accompagne ; je n'aime que le comte Léonardo, mon noble protecteur, mon amant. » Béatrix paralt éprouver un sentiment pénible en entendant cet aveu, et s'éloigne de son ancienne amie avec une sorte de dédain. Celle-ci se met à rire et semble lui dire : « Un jour tu feras comme moi. »

SCÈNE V.

Bustamente entre à son tour, amenant Diana, première danseuse du théâtre de la Fénice. Zéphiros se confond en politesses avec son premier sujet.

Don Bustamente traite Julia avec mépris, la regarde à peine et présente Diana au marquis de San Lucar, en lui demandant ses applaudissements pour elle.

Le Marquis se montre fort empressé près de la danseuse. Béatrix en paraît vivement contrariée. Julia, de son côté, furieuse contre Bustamente, lui fait une scène, ainsi qu'à sa rivale. Béatrix adresse des reproches au Marquis.

Bustamente et Léornado se menacent. Les deux jeunes danseuses, après s'être adressé des politesses aigre-douces, disputent vivement. Bruit, tumulte, explosions, querelle générale.

Le désordre est à son comble. Zéphiros cherche vainement à l'apaiser. Tout le monde se tourne alors contre Zéphiros, en l'accusant d'être cause de tout. Le malheureux impresario ne sait plus où donner de la tête.

Le marquis de San Lucar, plus heureux que l'impresario, parvient enfin à calmer toutes ces colères, en promettant aux danseuses rivales de les applaudir toutes deux.

Bustamente et Léonardo se donnent la main ; Béatrix tend la sienne en signe de réconciliation au volage San Lucar, qui lui jure de n'aimer qu'elle au monde.

A ce moment on entend au dehors les joyeuses fanfares du carnaval : c'est le réveil du plaisir de cette folle saison. Zéphiros convie ses illustres hôtes à la fête de nuit, au bal *a giorno* qu'il donne au théâtre de la Fénice.

Les jeunes filles entourent San Lucar en le priant de les y conduire. Pendant ce temps, Béatrix a sorti de son sein le médaillon du portrait de son père. Elle le regarde avec amour et tristesse, une larme furtive s'échappe même de ses yeux ; mais elle s'empresse de l'essuyer en voyant venir à elle San Lucar.

Plus amoureux que jamais, il s'est aperçu de la mélancolie de sa maîtresse, et cherche à la consoler en redoublant pour elle de soins et de tendresse. Il lui parle du bal qui s'apprête et lui propose de l'y mener. Puis, à son ordre, des valets accourent apportant de brillants costumes de carnaval.

Bustamente consulte Diana sur celui qu'il doit prendre. La maligne danseuse lui en indique un fort ridicule, en se moquant de lui avec Julia.

Chacun alors saisit son masque, son domino ou s'enveloppe de son manteau. La nuit est venue pendant cette scène. Les valets entrent en foule avec des torches pour escorter la brillante mascarade.

Les fanfares redoublent au dehors. San Lucar prend le bras de Béatrix. Bustamente s'empare de Diana. Léonardo entraîne Julia, et tous, précédés de Zéphiros, sortent joyeusement, escortés de leurs valets pour se rendre au bal masqué du Casino.

Deuxième Tableau.

Le théâtre représente une magnifique salle de bal. Au fond, un orchestre nombreux.

SCÈNE PREMIÈRE.

C'est le grand bal masqué du carnaval ; une foule de masques se précipitent dans la salle et l'envahissent joyeusement. Des danses se forment de toutes parts.

Zéphiros, en sa qualité d'impresario, veille à tout et rétablit l'ordre et la paix parmi les danseurs.

On voit différents travestissements élégants placés dans les salons des loges de la salle, et qui semblent regarder le bal.

Bientôt la foule augmente, et le malheureux Zéphiros est bafoué et balloté par les masques, à sa grande fureur.

La fête est alors dans tout son éclat : les intrigues se croisent, se nouent et se dénouent à chaque instant. Des pas de caractère sont dansés.

Plusieurs brillantes mascarades viennent à leur tour occuper la scène.

SCÈNE II.

On voit paraître le marquis de San Lucar, conduisant Béatrix. De nombreux seigneurs entourent la jeune fille et l'accablent de soins et de galanteries; mais elle n'a d'attentions et de préférences que pour l'heureux San Lucar.

SCÈNE III.

Un vaste cercle se forme au milieu de la salle, et Zéphiros vient annoncer que le divertissement va commencer.

SCÈNE IV.

Diana paraît à la tête d'une troupe de nymphes, Bustamente et ses amis applaudissent et complimentent la danseuse après le pas qu'elle vient d'exécuter. San Lucar, de son côté, ne peut retenir les élans de son admiration : il court à Diana et la félicite avec transport.

Béatrix peut à peine dissimuler la jalousie qu'elle éprouve; et bientôt elle s'éloigne en entraînant Zéphiros.

SCÈNE V.

Après quelques pas de genre et de caractère, on voit paraître une Diane légère, l'arc à la main, le croissant d'or sur le front : c'est Béatrix qui veut lutter de grâce et de talent avec les brillantes danseuses qu'admire San Lucar.

Elle est tremblante et fort émue d'abord; mais Zéphiros la rassure et fait signe à l'orchestre de commencer. Béatrix s'enhardit peu à peu, prélude par quelques poses gracieuses, puis, tout à fait encouragée par les bravos des spectateurs, elle se livre à tout son talent, et danse un pas gracieux et original qui enlève tous les suffrages.

On l'entoure, on s'empresse de la féliciter. Le volage San Lucar n'est pas le dernier à lui offrir ses hommages.

La jeune fille, piquée d'abord de l'admiration du Marquis pour ses rivales, se laisse attendrir par son repentir et l'expression de sa tendresse; elle détache une rose des bouquets qui lui sont offerts par Bustamente et ses amis, et la donne au Marquis, en signe de réconciliation. San Lucar couvre la rose de ses baisers et s'en pare avec orgueil.

La fête alors devient générale. Béatrix et San Lucar, entraînés par le mouvement des danses, se perdent dans la foule au milieu d'un rapide galop.

SCÈNE V. .

A la fin du galop, on voit revenir la jeune fille, entourée des plus élégants seigneurs. On l'accable d'hommages, de compliments, on lui présente des bouquets, on la fête enfin comme la reine du bal !

San Lucar, plus tendre et plus galant que jamais après le brillant succès que vient d'obtenir la danse de Béatrix, San Lucar dépose une guirlande de fleurs sur le front de sa maîtresse.

Julia, Diana semblent applaudir au triomphe de leur rivale, et toute cette foule brillante la contemple avec admiration, lorsque, tout à coup, les danseurs qui occupent le fond de la salle s'éloignent avec crainte a l'aspect d'un domino noir à la démarche imposante et qui s'avance vers San Lucar et sa société.

Le mystérieux domino, s'approchant de Béatrix, la regarde un instant avec mépris, puis, étendant la main sur le front de la jeune fille, il saisit le diadème de fleurs que vient d'y déposer San Lucar, l'arrache et le foule à ses pieds.

Béatrix se retourne frappée de terreur à cette action; San Lucar s'élance pour venger l'outrage fait à celle qu'il aime. Le domino se démasque alors, et Béatrix, glacée d'effroi, reconnaît son père! Césarius, pâle, la colère sur le front, le geste terrible, semble une apparition vengeresse à l'infortunée jeune fille qu'il foudroie du regard et fait tomber presque morte à ses pieds; tandis qu'Agnès et Bénédict, qui se démasquent aussi, semblent demander grâce pour la coupable. Le Marquis lui-même reste atterré par cette rencontre terrible.

Revenue de son premier saisissement, Béatrix fond en larmes aux genoux de son père, dont elle implore le pardon. Mais celui-ci la repoussant avec indignation, la force à se relever devant son juge ; puis, lui indiquant la porte d'un geste solennel, il la fait ainsi marcher devant lui, au milieu de cette foule joyeuse, consternée par la colère imposante du vieillard.

Encore un instant, et Béatrix est perdue pour son amant. San Lucar, ne résistant plus à son désespoir, à ses craintes, court se placer entre Béatrix et son père, et s'oppose au départ de la jeune fille.

Bénédict met la main sur son épée; furieux, il va s'élancer vers le Marquis, mais Césarius arrête et retient le noble jeune homme, en lui disant que le mépris seul doit le venger du séducteur.

« Arrêtez! s'écrie San Lucar en s'adressant à Césarius, qui renouvelle à sa fille l'ordre de s'éloigner... Elle a ma foi, mes serments! je les tiendrai devant Dieu et devant les hommes!

— Vous l'entendez, répète Béatrix à son père, nous serons unis pour la vie! Grâce pour lui! pitié pour moi!

— Lui votre époux! répond le vieillard, lui qui a déshonoré mon nom, qui m'a ravi le bonheur et le repos... jamais! Choisissez entre cet homme et moi ! »

La malheureuse fille, éperdue, désespérée de cette cruelle alternative, sent ses forces l'abandonner et sa raison la fuir. «Choisissez! s'écrie de nouveau Césarius; c'est votre père qui commande pour la dernière fois! » Béatrix, pour toute réponse, cache sa figure dans ses mains; elle hésite encore : peut-être le devoir va-t-il triompher de l'amour; mais Césarius, indigné de l'hésitation de sa fille, fait un signe de fureur, et s'apprête à sortir, quand Béatrix tombe à ses genoux et les embrasse en le suppliant. Larmes, prières, tout est inutile, rien ne peut fléchir ce père irrité; il repousse sa malheureuse fille, et, prenant le ciel à témoin de son juste courroux, il étend les mains sur Béatrix et lui donne sa malédiction !!!

Béatrix ne résiste pas à ce coup terrible, et tombe mourante dans les bras de San Lucar, tandis que la foule, frappée de terreur à ce spectacle, s'écarte pour laisser sortir Césarius, qui s'éloigne en chancelant, appuyé sur Agnès et Bénédict.

TROISIÈME ACTE.

Premier Tableau.

Le théâtre représente le parc de la villa de San Lucar. Partout des massifs de verdure et de fleurs. Au fond, la Brenta, dont les eaux baignent les allées du parc. Le parc est éclairé par de nombreuses girandoles en verres de couleur, tandis que la lune répand sa clarté sur les eaux du fleuve.

SCÈNE PREMIÈRE.

On est à la fin d'une joyeuse orgie. Un vaste tableau occupe toute la scène. Des tables chargées de vaisselle d'or et de flacons sont placées çà et là sous les bosquets du parc. De jeunes seigneurs sont assis autour, mêlés à de brillantes courtisanes en costumes de nymphes et de bacchantes.

Quelques-uns des seigneurs sont couchés sur des bancs de mousse aux pieds de leurs maîtresses; d'autres achèvent de boire; d'autres enfin semblent dormir sur le gazon, enivrés par les vins de San Lucar et les charmes de leurs belles.

San Lucar, Béatrix, Bustamente, Diana, Julia, Zéphiros, forment un groupe plus élevé qui domine tous les autres.

San Lucar paraît faire à Béatrix les honneurs de cette fête, que celle-ci regarde avec tristesse et indifférence.

Mais San Lucar veut à tout prix chasser de la pensée de sa maîtresse le triste et poignant souvenir de la scène du bal masqué. Il se lève et donne le signal du plaisir.

Une danse folle, brillante, échevelée, comme celle qui doit suivre une bruyante orgie, commence alors.

Julia et les courtisanes forment entre elles les pas les plus voluptueux.

Pendant cette danse, des parties de jeux ont lieu entre les convives de San Lucar. Une table de biribi se fait remarquer par l'acharnement des joueurs, au milieu desquels se trouve Bustamente. Zéphiros la quitte bientôt en s'arrachant les cheveux avec désespoir; il raconte qu'il est ruiné, dépouillé par une femme masquée qu'il indique aux assistants. La femme s'avance, se démasque, lui éclate de rire au nez. C'est la maligne Julia, la danseuse, qui se moque de lui et court jouer de nouveau.

SCÈNE II.

Béatrix et San Lucar, qui s'étaient éloignés, reparaissent alors. San Lucar est plus tendre que jamais avec Béatrix ; il lui montre amoureusement la rose qu'il lui a prise à l'acte précédent et qu'il porte toujours sur son domino. Il semble lui dire que cette rose est son image, elle-même enfin ; il presse la fleur sur ses lèvres, à la grande joie de Béatrix, heureuse de son amour.

SCÈNE III.

Bustamente vient engager San Lucar à jouer ; celui-ci refuse d'abord, touché des prières de Béatrix qui cherche à l'en dissuader ; mais Bustamente insiste, il montre au Marquis le tapis couvert d'or et l'invite à partager son bonheur.

San Lucar ne résiste plus ; il s'élance vers la table en disant à Béatrix qu'il veut augmenter ses richesses pour les lui prodiguer. Béatrix le regarde avec douleur, et se trouve près de Julia, qui lui annonce gaiement qu'elle est ruinée à son tour, comme elle a ruiné ce pauvre Zéphiros.

Mais elle n'est pas inquiète, son talent et ses adorateurs lui restent pour la dédommager du mauvais sort. Plusieurs seigneurs lui offrent le bras, et elle sort accompagnée par ceux-ci, qui l'accablent de louanges et d'adulations. A ce moment, San Lucar frappe violemment sur la table et semble éprouver une vive colère.

Béatrix court à lui et le supplie de cesser de jouer. Le Marquis, dont l'exaltation augmente de moment en moment, la repousse et se remet à jouer.

La mauvaise fortune du Marquis continue. Béatrix, tremblante auprès de lui, le conjure de quitter le jeu, de ne pas achever sa ruine. Furieux, hors de lui, il lui dit brusquement que cela ne la regarde pas ; qu'il est maître de se ruiner si cela lui plaît. Il continue à jouer, et, se levant avec rage, il annonce bientôt qu'il n'a plus rien, que tout est perdu.

« Mais moi, s'écrie la malheureuse jeune fille navrée de la dureté de San Lucar, il me reste encore des bijoux, des pierreries, vos dons enfin ! »

En achevant ces mots, elle se dépouille de son collier, de ses bracelets, de ses diamants : « Venez, dit-elle au Marquis, avec cela nous serons assez riches encore » Elle prend la main de son amant et veut l'entraîner ; mais il se saisit des joyaux et les jette sur le tapis devant son partenaire.

Béatrix s'éloigne avec douleur pour ne pas voir consommer ce dernier sacrifice.

La partie devient terrible entre le Marquis et Bustamente, son adversaire. Tout le monde les entoure, et de moment en moment, l'exaltation de San Lucar augmente avec son mauvais sort. Enfin, il se lève, les bijoux de sa maîtresse, sa dernière ressource, sont perdus. Tout a passé dans les mains de l'heureux Bustamente. « Plus rien ! plus rien au monde ! s'écrie t-il.

—Bah ! lui dit Bustamente en riant, tu es encore le plus riche de nous tous : tu as un trésor qui vaut mieux que tous les miens...

—Eh ! quoi donc ? s'écrie San Lucar.

—Béatrix ! répond Bustamente, en désignant Béatrix par la rose que porte le Marquis. Joue-la-moi, joue-moi celle que tu aimes contre tout ce que tu as perdu... Si tu gagnes nous serons quittes. »

Un horrible combat se livre alors dans l'âme de San Lucar. Sa fortune contre une femme ! sa fortune qui peut lui revenir, et sa maîtresse qu'il gardera si le sort lui devient favorable !...

Bustamente, pour le décider, amoncelle devant lui l'or, les billets, les diamants de Béatrix. A cette vue, la raison du joueur semble s'égarer ; il hésite un instant ; puis saisissant la rose, il l'arrache de son domino et la jette pour enjeu sur la table.

La partie recommence vivement. Le Marquis lance les dés et amène un nombre supérieur ; il semble triompher ; puis, pâle, haletant, presque fou, il dévore des yeux le cornet de Bustamente. Celui-ci, que le bonheur n'abandonne pas, est encore vainqueur cette fois !...

Le désespoir de San Lucar n'a plus de bornes. Il se détourne avec horreur du tapis fatal et s'enfuit en cachant sa douleur et sa honte, tandis que Bustamente saisit la rose et la place victorieusement sur sa poitrine.

SCÈNE IV.

Béatrix reparaît alors, ramenée par son amour et son inquiétude. Bustamente, qui l'aperçoit, fait signe à ses amis de se taire ; puis, s'élançant à la place qu'occupait le Marquis, il baisse le capuchon de son domino, bleu comme celui de San Lucar, remet son masque, et semble continuer la partie de l'amant de Béatrix.

Trompée par la ressemblance du costume et surtout par sa rose qu'elle retrouve sur le domino de Bustamente, la jeune fille s'approche de lui, et, le prenant pour San Lucar, elle le presse, timidement d'abord, puis plus instamment, de quitter le jeu et de la suivre.

Bustamente feint d'hésiter pour augmenter l'erreur de Béatrix, et fait signe aux seigneurs qui l'entourent de ne pas la détromper. Il donne l'ordre à ses valets de faire avancer sa gondole sur le canal qui coule au fond du parc; puis, prenant tendrement la main de Béatrix, il l'entraîne loin de ses amis, qui se livrent à toute leur gaieté en voyant le succès de la ruse de Bustamente; ils élèvent tous leurs coupes pour boire à ses amours et se dispersent joyeusement de tous côtés.

Deuxième Tableau.

Le théâtre représente le boudoir de San Lucar au deuxième acte.

SCÈNE PREMIÈRE.

Une demi-obscurité règne dans cet appartement. Par les fenêtres du fond, on aperçoit un clair de lune.

Bustamente entre, toujours masqué, conduisant Béatrix, heureuse de se trouver près de celui qu'elle croit son amant. Béatrix lui exprime son ravissement et son bonheur; elle prend la main de Bustamente et l'appuie contre son cœur. Celui-ci paraît ravi de cette faveur. Il devient plus tendre, plus empressé que jamais près de la jeune fille; il l'attire vers le sofa et l'y fait asseoir près de lui. Béatrix se livre à ces témoignagnes d'amour avec bonheur, et pourtant un secret instinct l'embarrasse et la trouble.

Bustamente la serre dans ses bras avec passion; mais Béatrix, confiante d'abord, paraît surprise de voir l'obstination du prétendu San Lucar à garder son masque. Elle le prie en vain de le retirer; Bustamente, sans lui répondre, s'anime de plus en plus et la serre dans ses bras avec ardeur.

Un pressentiment affreux s'empare alors du cœur de la jeune fille; elle fait un effort, et saisissant le masque de Bustamente, elle le lui arrache vivement et reste foudroyée de crainte et d'horreur en reconnaissant son erreur.

Celui-ci, furieux de voir sa lâche perfidie découverte, ne veut pas abandonner la proie que le sort lui a livrée. Il court après Béatrix, qui s'est éloignée de lui, pâle et tremblante; il va la saisir... La jeune fille, mourante d'effroi, n'a plus la force de résister. Un instant de plus, elle est perdue, quand un secours inespéré lui arrive.

SCÈNE II.

C'est San Lucar, l'épée à la main, entrant vivement par la porte du fond. Béatrix court au Marquis et se précipite entre lui et Bustamente, au moment où l'épée de San Lucar va percer la poitrine de son indigne ami.

San Lucar s'arrête à cette vue, et accable Bustamente de sa fureur et de son mépris; mais celui-ci, revenu de son premier saisissement, repousse bientôt les injures de l'amant de Béatrix : « Que me reproche-t-on? s'écria-t-il en s'adressant à la jeune fille; n'est-ce pas lui qui vous a livrée à moi? Ne vous a-t-il pas jouée contre son or perdu? »

San Lucar est anéanti de cet aveu, tandis que Béatrix, révoltée d'une pareille pensée, semble interroger San Lucar, dont le silence lui confirme l'odieuse vérité.

En voyant son infamie dévoilée par Bustamente, la fureur du Marquis n'a plus de bornes; il s'élance sur lui!... Les épées se tirent... En vain Béatrix veut s'opposer à cet horrible combat.

San Lucar force Bustamente à rompre devant lui, et celui-ci, se défendant toujours en reculant, arrive ainsi jusque sur le balcon de la croisée, en faisant une retraite désespérée. Mais San Lucar, plus furieux que jamais, le frappe au cœur d'un coup mortel, et Bustamente, ne trouvant plus d'appui, tombe à la renverse par le balcon dans les eaux du fleuve, qui l'engloutissent pour jamais!

Béatrix, rassemblant toutes ses forces, fuit avec horreur son amant devenu presque un assassin, tandis que celui-ci, la tête perdue, la raison égarée, quitte également le lieu de cette cruelle scène, dans le plus affreux désordre.

Troisième Tableau

Le théâtre représente une jolie place de village aux environs de la ville de Gand. Au fond, un précipice auquel on monte par un escalier taillé dans le roc. A droite de l'acteur, une jolie maison plus élégante que les autres. A gauche, obliquement, l'église du village, dont on aperçoit la porte d'entrée.

SCÈNE PREMIÈRE.

Agnès et Bénédict paraissent, suivis du notaire, à qui Bénédict donne ses dernieres instructions pour son mariage avec Agnès. Les deux fiancés semblent ravis de leur prochain bonheur !

SCÈNE II.

Tout le village accourt : les paysans et les paysannes viennent féliciter la fille de l'Orfévre sur son hymen.

Ils présentent des bouquets à la jeune mariée; Bénédict les invite à se livrer au plaisir en attendant l'heure de la cérémonie, qui approche. Il leur donne de l'or et rentre dans sa maison, suivi d'Agnès, du Notaire et de leur vieille gouvernante.

SCÈNE III.

Une fête villageoise a lieu sur la place. Après quelques danses joyeuses, on voit arriver une troupe de Bohémiens, especes de saltimbanques courant les foires et les kermesses.

Le chef de cette pauvre société est l'infortuné Zéphiros, qui, d'impresario de théâtre, est devenu directeur d'une troupe de danseurs forains.

Son premier sujet est Julia la Danseuse, tombée aussi bas que son ex-maître de danse, ruiné par le jeu. L'un et l'autre paraissent pourtant très-philosophes dans leur mauvaise fortune. Zéphiros fait toujours autant d'embarras, et Julia est plus vive, plus folle, plus sans-souci que jamais.

Les villageois les entourent et les invitent à leur donner une représentation en plein vent.

Un ballet comique, mêlé des facéties de Zéphiros, commence, à la grande joie des spectateurs.

SCÈNE IV.

Pendant le pas dansé par Julia, on voit paraître Béatrix, pâle, accablée, se soutenant à peine : elle tombe épuisée de fatigue sur un banc de pierre.

Julia l'aperçoit et semble charmée de la retrouver; le malheur l'a rendue meilleure. Elle cherche à consoler son ancienne amie.

« Quoi ! s'écrie Béatrix, est-ce bien toi qui fais cet ignoble métier?

— Que veux-tu ! répond la danseuse, il faut bien vivre; et toi, qui n'as plus rien non plus, tu devrais faire comme moi, t'enrôler dans notre joyeuse troupe. »

Béatrix repousse avec dégoût ce conseil de Julia.

Tout cela se passe pendant la quête que fait Zéphiros parmi les spectateurs.

SCÈNE V.

Bénédict reparaît; il accourt, joyeux, chercher sa fiancée pour la conduire à l'autel. Sans regarder Béatrix qu'il ne reconnaît pas, il écarte la foule pour passer, et jette sa bourse aux Bohémiens avec un geste de dégoût et de mépris, puis il entre dans la maison de Césarius. Ce dernier coup est au-dessus des forces de la jeune fille. La vie semble l'abandonner; elle cache son visage dans ses mains et paraît prête à se trouver mal. Les danseurs forains s'éloignent pour chercher fortune ailleurs, et Julia les suit gaiement après avoir fait d'inutiles efforts pour décider Béatrix à les accompagner.

SCÈNE VI.

Béatrix seule se livre à tout son désespoir; elle reconnaît la maison de son père, dont elle est chassée. Elle s'agenouille pieusement devant le seuil de ces lieux où elle a reçu le jour. Chaque détail du village lui rappelle un souvenir ; ici, la croix où elle priait, l'arbre où elle s'asseyait, l'église où elle accompagnait sa mère... Sa douleur augmente à ces cruelles pensées.

Ses maux ne sont pourtant pas encore à leur terme. La porte de la maison de l'Orfévre s'ouvre lentement ; les villageois se rangent avec respect. On entend une marche
religieuse ; les cloches de l'église sonnent à toute volée. Bénédict paraît donnant la
main à la jeune Agnès et la conduisant à l'autel, suivie de leur vieille gouvernante et
de tous leurs parents.

Béatrix, cachée derrière un arbre, voit venir sa sœur !... son fiancé !... Oh ! une
idée horrible la frappe alors : elle cherche vainement son père parmi les personnages
de la noce ; elle parcourt avec anxiété les rangs de ce cortége ; puis, saisissant la main
de la gouvernante, elle l'interroge vivement sur le sort de son père. Celle-ci hésite à
répondre, mais, sur l'ordre de sa maîtresse, elle l'entraîne dans un coin de la place
et lui montre une tombe portant le nom de Césarius : « Voilà où repose votre père,
répond la gouvernante. Priez pour lui, il prie pour vous ! »

A cette révélation, la raison de Béatrix s'égare, son désespoir est au comble, elle
fuit vers le précipice du fond , malgré les efforts de la gouvernante pour la retenir. Bientôt elle disparaît dans le chemin sinueux qui conduit au rocher.

Au moment où Bénédict et Agnès vont entrer à l'église, Béatrix, qui est arrivée
sur le bord de l'abîme, jette un dernier regard sur tout ce qui lui est cher ; puis,
leur adressant un éternel adieu, l'infortunée jeune fille se précipite dans l'abîme.

Le reste du cortége se retourne et reste frappé d'horreur en voyant s'engloutir Béatrix !

Quatrième Tableau.

—

Le théâtre change et représente la chambre de Béatrix, comme au premier acte.

—

SCÈNE PREMIÈRE.

Béatrix est couchée sur son lit et dort profondément. Sa couronne de roses est à son
chevet.....

ELLE A RÉVÉ !!!.....

Tout à coup ses yeux se rouvrent, elle regarde autour d'elle avec effroi, comme à la
suite d'un songe pénible, s'élance dans sa chambre, court à tous les objets qui l'entourent et les touche pour s'assurer de leur réalité. Mais, en apercevant sa couronne de
roses, elle s'en saisit, la presse sur ses lèvres, sur son cœur ; et, dans un transport
inexprimable de bonheur et de reconnaissance pour Dieu qui l'a sauvée, elle tombe à
genoux et remercie le ciel dans toute l'effusion de son âme ; en ce moment six heures
sonnent à l'horloge de la chambre, et l'on frappe mystérieusement à la fenêtre.

SCÈNE II.

C'est l'heure où le Marquis doit venir enlever Béatrix. Tous ses souvenirs de la veille
lui reviennent à la fois. Elle comprend le danger, le malheur qu'une faute lui réser-
vaient !!! Éperdue, tremblante, elle voit s'ouvrir la croisée, où paraît San Lucar ; et
s'élançant à la porte, elle l'agite avec force pour chercher son salut loin de son séducteur

La porte s'ouvre. La musique religieuse qu'on venait d'entendre à la fin du tableau
précédent recommence. Césarius paraît suivi d'Agnès et de Bénédict en habits de noce,
joyeux et le bouquet au côté.

SCÈNE III.

Le Marquis fait un geste de colère et disparaît.

Béatrix court dans les bras de son père.

Césarius embrasse sa fille avec transport ; et Bénédict, un instant retenu par les jeunes filles qui font la toilette de Béatrix, vient bientôt tomber aux genoux de sa fiancée,
tandis qu'Agnes place la couronne de roses sur la tête de son heureuse sœur.

Césarius prend alors la main de Béatrix et l'unit à Bénédict. La noce va se rendre
à l'église. La mariée seule est changée. Ce n'est plus Agnes, mais l'heureuse Béatrix,
qui a rêvé le malheur avec l'inconduite, et trouve au réveil le bonheur avec la vertu !

FIN.